Fragmentos de luz

JOAQUÍN VERDÚ DE GREGORIO

EOLAS
ediciones

A todos aquellos Anónimos
que con su palabra, su mirada
o sus gestos
se entrecruzaron
en los senderos de mi vida,
Sustentándola...

Con ilustraciones de Rosa Mascarell Dauder.
Tinta sobre papel Xuan, exclusivas para esta edición.

Hacia los orígenes

The present and time past
Are both perhaps present in time future,
And time future contained in time past.
If all time is eternelly present
All time is unredeemable.

T. S. Elliot

Antes de la razón
sin linea fronteriza
el cosmos, luz
sobre el haz de las aguas,
      el espíritu
reflejando intuiciones
imperecederas.

El sentir primigenio cautiva
y entraña los elementos
agua, aire, tierra, fuego.
Al soñarlos irán fluyendo
esas pausas poéticas enhebradas
por los hilos del silencio.

Rumor primigenio
germinando
la espuma de las olas
alas del aire
devienen las aguas
injertos nebulosos.

El cosmos al contemplarse
extasiado en los mares:
Narciso de universo
en sus matices
anuncia la belleza.

El agua, las aguas; el mar, la mar;
estelas originarias del andrógino,
reflejos del universo
reviviendo en su renacer azul.

El mar sereno: Machado.
El mar colérico: Melville.
El mar olvido: Cernuda.
Y el habitado, Leopardi.

El aire es movimiento
pausado, melodía
rebelde, sinfonía.
Profecías de la palabra.

Sueña en las piedras el sueño adormecido
de los arcanos templos en trémulos silbos
que la aves trenzaron en su iniciático vuelo
y desde el numen celeste
trazaron los lindes de los centros del ágora
y en sus límites se alzan columnas
quebradas por el aire y por las aguas.

El secular silencio medita sin palabras
elevando a los dioses de la belleza
sin huellas o heridas de culpa,
un musitar callado, una sigilosa súplica
o una lágrima que gime en las miradas
al contemplar lo que los siglos desvanecieron
y en sus piedras testimonian
las grandezas de un recuerdo
de amores, conquistas, batallas,
ciudades, vías y juegos.

Y sobre todo habita
la soledad sosegada del silencio
en las hierbas que manan en las grietas,
en los suelos y entresijos de las losas
reaparecen los lagartos
y en los nidos que pueblan las alturas
el quejido armonioso de los pájaros.
Retorna el olvido lentamente
y la naturaleza recupera paso a paso
lo que el hombre creyera poseer en su pasado.

Ruinas

Eras tradición engarzada
en peregrinas voces marinas,
derramadas en sucesivas ondas
habitadas de anhelo de dorados hallazgos
en los que se escuchaba el hálito,
el rumor y los sigilos que se vertían
en esa materia de irradiación musical
que en sus quiebros iniciaba la danza
corporeizando el canto
en sombras que ensombrecen la luz
y en luz que ilumina las sombras.
Espíritu que fulge en la materia
etérea en los reflejos del paraíso,
en la linfa de sus aguas
acariciadas por sonoros silencios
vertidos en sus surtidores.

En sus centros, las palabras
reflejan aquel acuerdo sereno
en que las voces se concertaban
en armonía de pueblos, credos y sentires.
Música del sufí, magia de la Kabala,
semblantes cristalinos de cristiana mística.
Éxtasis de amor.
Al Andalus, en el encaje de tus piedras
o en la blanca neblina que limpia
tus contornos todavía se desliza
la oscura raíz del grito:
¡Ay¡ ¡Ay! ¡Ay!
Duende y reflejo de esa belleza escondida
y oculta:
Sonorizando el hondo latir de tus Semblantes.

Al-Andalus

El hombre en su contemplación
sentíase unificado en el universo circundante
percibía el latir de la naturaleza
anejo a los arboles y la piedra,
a los animales bajo las constelaciones,
volátil como el pájaro
y el pez marino visionado
en la anchurosa claridad de las aguas.

Mas surgió la pregunta sobre su entorno,
sobre las cosas.
Se inicia la angustia ante la soledad naciente,
frente a ese universo que lo alberga entre enigmas.
Se inicia el llanto.
Aparecen los dioses, quizás respuesta,
mas son oscuros sus dictámenes
y vagas las expresiones en su núcleo más intimo.
El círculo se cerraba hacia la luz cegada
o más hondamente hacia la caverna.
Un voz turbada entre tinieblas y sombras.
Para que el grito fuese eco de la voz
se entreabría entre un semicírculo de piedra
y el coro, nuevo semicírculo,
recitaba entre ritos el lejano mito
de aquel reencuentro en que lo sagrado
se sustentaba en lo etéreo
anunciado entre columnas desiertas.

Y el hombre elevaba su plegaria de abandono,
anhelando el sueño inicial.

Sin poder desgajarse del sonambulismo
encarnado en su queja.
E iniciando el trágico sendero
hacia el imprevisto y trágico sacrificio,
hacia una santidad que en su despertar
asciende su nombre
hacia el herido sueño de los héroes.

Teatro Romano.
Mérida

En aquel retorno
en aires sonoros del atardecer
se licuaba la leyenda
de heroicos hechos
en armoniosos ecos,
ritmos de una historia
retornada hacia el sueño,
hiriendo el fuego de los hogares
reflejado en los rostros
que la voz del anciano
en violento elevar de sus manos
quebraba el silencio
y entretejía cadencias
renaciendo
en los conmovidos semblantes
absortos de su infancia
y unidos hacia la voz.

Ancianos juglares,
ahora yertos,
viviendo la entraña
de olvidados pueblos,
quebrados en las memorias
y solitarios en las mentes
donde el sabor del paisaje
nos desvela un saber
hoy desplazado en las penumbras
de la inocencia.

Desencanto del cuento

Oriente es un bosque
engarzado en el cuento.

El árbol sediento
destila en sus ramas
risas de acanto
y las vierte en las aguas
del lago en sigilos profundos.

Ritmo de ritos lejanos
y perdidos
en la mística hondura
de dorados laberintos.

Ensoñación

Desnació en la mirada
y respóndiole el silencio del cosmos
en notas sueltas,
ritmos de origen enlazados
volátiles sugerencias
habitadas por el misterio.
Íntegro, en los primeros latidos de las aguas
hallaba las voces
y abismado en ellas
fluían
cual resonancia de ecos
en el despertar de constelaciones
y en su deslizarse, reflejados
los rayos de luz
en su música originaria
fueron leyenda, gesto, murmullo
estela contemplativa.
Y al recrear el universo fluyó
el sentir olvidado de un olvido
habitado por originarios albores
y, en su desvelarse, primigenios alientos
ensartándose como afluentes
anunciadores nocturnos
del callado amor que sorprende una mirada
creadora y creyente de un hallazgo
subsumido en el fuego encontrado
en los umbrales de una perdidiza palabra.

Cosmos

Y tan sólo las aves en su vuelo
sintieron esos gemidos
inhalando un canto endeble
oscura huella de un suspiro, navegando
en el espacio suspendido
sobre las aguas, reflejando
en incoloros colores, anunciando
una anaranjada luz
en dorados reflejos matutinos
emergidos desde un mar
en espera del son de sus aguas,
quiebros de una sonata
anterior a todo testamento.
Se asocia lo disociado,
todo es uno y otro,
armonía en la fluidez de lo disperso
embriagado en las nubes.
Queja, llanto y lamento...
Leve quejido
hilvanando los libres aires,
suspendido en la mirada...
Naves sin ancla hacia rumbo incierto
sin sombras de Infinito...
Luz ausente
fija en ese movimiento
de una olvidada e inédita aurora
ahogada en los callados albores
escuchando el universo
de un remoto amor gimiendo.

Hay ocasos
sentidos en los susurros del aire
hacia los pinares,
donde caminan las sombras
habitando sus huecos
deambulando eternamente
ahora y antes de tu principiar...
Tan solo el viento
escucha sus ausencias
y acoge sus lamentos
ignorando tu sórdida sordera.
Tan solo anidas
en tus alterados silencios
una sinuosa música
que entrañas,
desentrañando sus notas
y meciéndolas
en los hendidos sueños
de una remota visualidad
des-naciendo en los misterios.

Ecos, signos ignotos,
se desprenden de las rocas,
antes mar que derramaba
su espuma entre las arenas
resbalando sobre la fugacidad,
agua y tiempos...
El barro fue cantinela
y entre sonidos heridos,
tierra y tiempos,
se fue formando la piedra
y entre suspiros alternos
en su roce y en sus choques,
aire y tiempos,
prendieron irisadas chispas
aventándose hacia el vuelo
quebradas luces de instante
y al fundirse fluía el fuego,
fulgor y tiempos,
luz y llama, herida eterna
que en contrates maleables
licuaron el universo.

Hacia allí acudieron naves
atraídas en la búsqueda
de utopías cristalinas,
tiempo y tiempos...
En sus diferentes lenguas
han dejado esos sonidos
resbalando entre las piedras
que despiertan a las albas
en sortilegios de olvido

verdes vahos entre las nieblas,
esas notas del rocío
cual sigilo de misterios.

Antes de la palabra

Trasparente encaje de la ola
percibiendo la cercanía
de un cuerpo, grácil,
deslizando en la arena
la inacabada huella
de unos pasos alados,
temerosos
sin romper el encanto
del agua que vuela...

Blanca vela y juego,
cual espumas de infancia
y chasquidos que sorprenden
las verdes rocas,
etéreos rumores
de voces
ternura de mar,
ternura originaria...

El universo del sueño sustentaba
imágenes de alejados horizontes
todavía habitados por aquellos mitos
que sustentaron arcaicas civilizaciones.
Y renacía Hermes hermanado en Ulises,
entrañándose en paradisíacas
y abiertas utopías,
las de aquellos hombres
unidos por la palabra itinerante
en la que la imprenta y la brújula
fluían paralelas con la aventura.
Navegaban hacia lo ignoto
para plasmarlo en lo vivido.
Más allá de la cruz sacrificial,
el horizonte de sus pasos,
confluía en la cruz que engarza el circulo
terrestre con la horizontalidad de tierra,
entretejida entre oleajes marinos,
y la verticalidad del aspa ascendente,
cielo y nubes, y a la par infernal
en su descenso hacia el Hades.
Quizás fuese el pez, cual símbolo de
encuentro entre lo dionisíaco y lo crístico,
quien reflejase hondamente aquella gesta
de navegantes caminando sobre el mar
acompasados por aquellos ritmos
de leyenda e historia
que se deletrean en las huellas de espuma
enhebradas por el salto de los delfines.

Colón, Magallanes, Elcano

Ignoraban los manantiales
subterráneos,
anhelantes del agua marina
sus azules peces...
Y que en los huecos del aire
habitaban minúsculos murciélagos
esperando silenciosos
el silbido del crepúsculo
para ahogarse en las gargantas
y el etéreo humo de los cuerpos.
Ignoraban que la simiente de los árboles
hilaba parásitos en sus hojas
desde el envés de sus hilos...
Y en tupido silencio
esparcieron por las ciudades
alientos de escalofríos
quebrando las gargantas en espasmos
de soplos ininterrumpidos...
Y el temor ya es terror
de lo otro, del otro y la otredad.
Se cierran los ventanales,
y en las calles se ha instalado
la prohibición de los pasos,
las máscaras ahogan las voces
y la mirada sorprende
en huidas que delatan
la sufriente hondura del silencio...
Un vacío, tan sólo un vacío
germinando alientos sombríos.
Y una naturaleza herida, inerte
nos contempla, inerme,
envenenando la saliva de las palabras
nos contempla ensimismada.

Virus

Ir hacia el abismo.
Y en sus vacíos,
suspendido en su quietud
escuchar
las notas del silencio.

El fulgor de los instantes

J'ai rêvé la nuit verte aux neiges éblouies
Baiser montant aux yeux des mers avec lenteurs
La circulation des sèves inouïes
Et l'éveil jaune et bleue des phosphores chanteurs!

Arthur Rimbaud

Hay un espacio
entre la mente y
          el corazón,
un vacío ¿una nada?
          Si nadas en él
hallas sigilosamente
y quizás
          nidos de agua.

          Nada

Lo visible
se trasciende en lo escondido.

Toda luz
se enraíza en la oscuridad.

Nube
y sobre el mar
espuma.
Y escarcha verde
sobre las rocas.
Y en el aire
sigilo musical.
Y en el firmamento
silencio
      habitado...
aroma de su misterio.

Oculta el aire
la noche espesa.
Ocultos ojos
sienten la niebla.
Escalofríos
noche desierta.
¡Ah! ¡Ay! y...

Gemido

Quizás el alma
como la la nube
se desplaza
y eleva
suspendida en lo etéreo
buscando
lo que permanece intacto
como el átomo originario
del universo.

Vacíos de luz
y en intervalos
volvió la sombra
y en su dintel
te ibas formando.

Claroscuro

¡Aurora!
No mires...
Viértela
y recrea su luz
en tu entraña.

Reflejos

En aquel sueño
desierto
     tuve sed
me diste un ánfora
y el agua dulce
se marchitó en mi boca.

El dolor
trasciende la memoria
fijando un tiempo
      inamovible...
cerrado a los otros,
traspasado por el llanto.

Quiebro

Soy un eco perdido
en la voz de ese canto
que soñé que era tuyo
y jamás he despertado.

Desertaron el árbol, la hierba
y las luciérnagas
Y el hielo, agua oscura,
tenía destellos de miedo.
Se ha disecado
la canción del agua
y la llama desdeña
el centro del fuego,
olvida las fraguas
e inicia sus pasos
de sutil sigilo en
su apagamiento... NO

Es la siesta
quietud del tiempo.
El sol adormecido
en las veredas.
El aire quedo,
sorprendido en su rapto,
sosiego
y duerme-vela de luz.

El azul es nostalgía,
esperanza soñada,
entidad anhelada
y en si mismo habitada.

No esperes de nadie
ni en nada.
Naderías que nadan:
ningunean nociones
negadas en noches
oscuras sin norte...
¡Nocturnos silencios!
¡Nocivos misterios!

Pesadillas

Puertas
hacia el vacío.
Ventanas
hacia el vacío.
Y un pájaro
suspendido en su vuelo
te contempla...

Ya eres Nada.

Transitar hacia lo profundo
e intentar sorber el misterio
que nos rodea
y hallar otro misterio
ahondándose en lo infinito.

Vía interior

Ir hacia el interior
abismándose...
Lo minúsculo es enorme
y lo enorme,
      inacabado.

Una insinuada pregunta
y una ligera súplica,
un rápido movimiento
y un gesto que responde
a una alada mirada, ligera.
            ¡Gracias!
La espera de un sentir
sin palabras...

                    Y tras ello un retorno,
                    un movimiento
                    que responde a un olvido
                    y una sonrisa...
¡Gracias!

                    Gesto

Queda el aroma
de una mirada,
cuerpo del alma...
De una sonrisa
brisa y latido...
De una palabra,
hoja sedienta
en el tallo de la rosa
y de ese tú,
espina
en el yo de su aurora.

Aliento

¡Qué distancia en las ausencias!
¡Qué rumor tan alejado!
¡Qué duda en lo no soñado!
¡Qué amargo lo no vivido!
Qué sórdidos los senderos
de adoquines tras la lluvia,
hieren tus pies en sus charcos.
Caminas siempre buscando
tierras aún no nacidas
e ignoras amaneceres
fluyendo tras las colinas
presagiando luz divina.

No, no hay olvido...
sólo presencias oscuras
en aquel universo ignorado
por el color.
Tan sólo quebrados reflejos
en los vidrios rotos
por la refracción de los alcoholes.

Nocturno solitario

Lo imposible
es posible
–o lo era–
en Italia.
Lo fue en Grecia:
Si no quiebras
sus misterios
y esa música
en sus mares
se desvela.

Hélade

Y aquel silencio
en la impalpable frontera
del rocío
anegándose
en elipses inciertas,
rapto el candor
en su deslizarse
por los aires,
sintió
el ligero vértigo
de los ecos
y en su rubor
llamearon
colores
increados,
anunciaciones
de un temblor
cimbreando
suspiros de llama...
Quedo y absorto,
su sueños
se fundieron
en cópula
naciente
de una brasa
volátil,
musitando
cadencias,
albeando
su fulgor.

Fortuito hallazgo

Una pausa en el camino
y un frescor en tu garganta.
Un encuentro inesperado
disipado en diálogo
de recuerdos y de adioses.
Una tertulia y en ella
el vacío de unos vasos
como palabras que se diluyen
en memorias y en decires
de un sendero enardecido
en paisajes hoy quebrados.
Rostros del ayer perdidos
e integrados hoy en el olvido.
En un bar y en las terrazas
ante la espuma adherida,
liquidez amarillenta
en los cristales de un vaso
de cerveza...
Hondo y ligero diálogo
ya perenne en la esperanza
de un eterno ayer
en sueños de lo habitado.

Para Carlos Abadía

Huellas del amor

El amor es una concepción que nos atañe
y que nos guarda, que nos vigila
y que nos asiste desde antes, desde un principio,
viniendo de la fuente de la vida que sigue regando oculta.

María Zambrano

Os fuisteis
y yo quedé...
Y mis latidos,
simientes de tristeza.

Pulso

Y en la cotidiana ausencia,
una presencia, un rubor
y una llamada te espera...

Y un suspiro inatendido,
casi inaudible silencio,
se vierte a imagen de un alba.

Suceso

El amor anterior a la razón,
música de las esferas
reconociéndose en la luz
de los astros y en sus flujos
primigenios,
irradiando una armonía
en quebradas geometrías
anunciantes de un escondido
salmo unitario.

Profecía

Las razones del universo
percibido en su abismarse
antes del intelecto,
en la profundidad de lo etéreo.
El amor llama
en callados ritmos,
es llama de nuestra esencia
fijada en la mirada del firmamento...

Anhelo

El amor es luz,
luz astral
trascendiendo la consciencia.
Esplendor de ese algo recóndito
desvelándose en la continuidad
de instantes
entrañados en las calladas notas
de una cautivadora sinfonía.

En el Azul
diluido en música,
nota etérea
desde el origen
hacia las aguas puras.
Emerge en vuelo,
vuelo intacto
en su ignota suspensión...
Ave
sustentada
en invisibles hilos.
Canto licuado
en el misterio
de un nacer.
Y en su anuncio:
Palabra,
perdidiza en el hallazgo
y revelada
en los desvelos...
Rocío
fluyendo en gracia.

Inmaculada en la mirada del Greco

El tiempo
se desentraña en círculos,
centros equidistantes del amor,
de la pasión, de la amistad,
de la fantasía
formada de vacíos y puntos
en el horizonte del pentagrama.
Y se forma la sinfonía,
esa sonata italiana
que se adormece en ti
y se conmueve en el aire.
Circulo y movimiento,
danza.
Sólo danza ya en la aurora
inspiradora del ritmo.
Suspiro, embrujo y vuelo.

Es la llama del amor
enhebrada al contemplar
esa bóveda celeste
tamizada en el azul
adherida al deseo
se desliza pasajera
cual nube
desprendida en despeños
de lluvias caribeñas
resonando en aguaceros.

Ocasos

El ser universal...
Hacia el otro: Firmamento,
aproximación al origen.
Hacia el otro: Dios,
encarnación de la divinidad.
Hacia el otro: Naturaleza,
universo de correspondencias
tiempo, materia, cuerpos
entrelazándose en armonía...
Hacia el otro: Tú,
hallazgo de la otredad.
Encuentro: *Je est autre*
y la revelación del Amor.

Miradas.

Soledades de ausencias
sin espera y sin pausa,
en el cerco de lo oscuro
aguardan sin esperanza.
Cuando un gesto
se pierde en tu mirada:
Una sonrisa esbozada
en la mudez sin palabras
responde con una mano
y gravita el aire de un adiós
o una plegaria desatendida
y vertida
en el recuerdo de un alma.

El caminar de unos pasos
detenidos… Contemplando
y recreados en la espuma
de una lágrima
esgrimida en tu interior:

Aromas de dulce aljófar.

Hallazgos anónimos

En los amaneceres
de tu infancia,
los pájaros exhalaban
notas de verde luz,
vertidas
en los ramajes del árbol...

Contemplabas
las flores
en su lento desmayo
de silencios
que sentías
sin vislumbrarlos.

Quebrado inicio de ternura.
Quebrado.

Bosquejos

Te he buscado sin descanso
y he hallado una mirada.
En ella no he encontrado
los paisajes de mi entraña...
Cuan lejos mis latidos
y cuan cercanas mis lágrimas.

Desgarro

Unos pasos:
Un girarse.
Otros pasos:
Un pararse.
¡Encuentro!

Unos pasos:
Un pararse.
Otros pasos:
Sin girarse.
¡Pérdida!

Búsqueda

Y en la nada,
agua y silencio inacabado.
Y en el vuelo,
aire teñido de Azul.
Y en la tierra
noche y canto de grillos.
Y en el fuego,
huecos de llama.
Huida de nombres.
Y herido en ellos...
        Tú.

Retazos de amor en el olvido

Un suspiro
hálito del corazón
y expresión de lo indecible,
anterior a la palabra
y a todo gemido
en la penumbra del dolor.

Un agüero
en el vuelo de la paloma
perdida en sus alas
hacia el renacer
en las orillas del origen...
Y suspendido
el silencio en su paréntesis
anuncia la sonrisa.

Presagio

Lo eterno...
Hacia lo profundo.
Hacia lo órfico.
Hacia la callada lira.
Ruptura del tiempo
en su monótona cronología
y ascenso en el abismo
sintiendo el verbo
sin conceptuarlo.

Una mirada.
Un suspiro.
Un paso sin movimiento.
Tú.
Esperando.
Antes de la espera.
Trascendiendo
el tiempo.

Muriendo a la vida
y viviendo
en el ver...
Luz,
instante de luz
diluyéndose
y concibiéndose
en el vacío...
Punto. Sólo punto.
Y un Amor:
Soplo eterno
diluido en lágrima.

Desnaciendo

Y aquel amor
habitó la imaginación.
Y la imagen
volátil habitó el sueño...
¡No desciendas!
La realidad
ya es suspiro interminable.

Nació desde el amor
y lo reflejó en la belleza.
Mas la noche oscureció
su rostro
y amaneció en la herida.

Descenso

Te fuiste,
eras y ya nunca has sido,
ausente en mis sueños,
para siempre ido.

Y en los fondos del sentir,
ese instante de existencia
abierto a las esencias
brotando en llamaradas.
Fuego liberador
a impulsos
de una belleza anhelada.

Y desde el sueño viniste
al encuentro inesperado
de quien anhelas buscar.
Y las sombras familiares
oponían sus rechazos.

Amabais el cine y la charla
y la búsqueda constante
de esos otros y su danza,
inaudita en sus presencias.
Inesperados fantasmas
que revolotean sin halos.
Se perdía tu palabra,
pues partía
          un signo,
una grafía sobre el blanco,
para que tu flecha hiriese
esos centros del recuerdo:
Un fervor
que mantuviese
el llamear de su llama...
Y en ti la duda y el llanto
oscuro, pues temías
que el hallazgo se anegase
en aquel silencio oscuro
que te seguía anidando.

Amistades que creíste
familias, cercos sin salmo
impedirán los latidos

que en palabras y signos
se vertieran en el canto.

Las solitarias palabras
tienen el ritmo de un llanto.

Hoy es el ayer herido
por aquellas palabras
acusadoras de abandono
en la lucha.
En ella te sentías
centro luminoso
que cegaba a los
que en ti convergían.
Sentías el seguir
sin respuesta,
cegado en tus sueños
y nunca despertar
en los otros,
hacia los otros.
Ante una verdad de amor
te quebraste,
huyendo como un suspiro
que aletea
y en su sonoridad
se cierra a la palabra.
Nunca más te vislumbré
y en los abismos del amor
torné hacia el laberinto,
mi eterno laberinto.

Equívoco

Leía sus mensajes,
trazos rotos sobre un papiro azul
deslizándose como olas inacabadas
entre mis manos sedientas
de sueños grabados sobre el aire,
entrelazados de sombra,
acariciando el vacío.

Nos cerraron la puerta
y la oscura esperanza
se apagaba lentamente.

Ya no hay lámparas de cristal
encendidas,
velas sí, de cera quemada
ofrecidas al silencio nocturno,
adheridas a aquel amor...
¿Amor? ¿Nunca fue?
Ya no es ¡Apagamos su llama!

Hay espesos silencios,
ahogados en las gargantas.
Quejidos sin murmullo
habitan el gemido
de un llanto solitario...
¡Ay, amor!

Abandono

Hay sonrisas que liman las sombras
en los inesperados retazos
del aire, aquietando las premuras:
Los azarosos gestos de un adiós
dibujado sobre las aguas,
inéditos charcos de una lluvia
desliada en los abriles,
el haz de una hoja amarillenta
olvidada en la húmeda caricia
del asfalto otoñal,
queja de vida en la solitaria acera
solícita de una mirada,
el tierno sonido de la carta
al caer en un buzón olvidado,
somnoliento entre los ecos
de unos sones de amor
o el primer silbo del jilguero
en el húmedo amanecer
tras la lluvia en la noche...
Recuerdos de los despojos
de un naufragio olvidado
sobre la espuma de unas olas,
en los mares o resbalando en la arena,
sorbiendo los jeroglíficos
en los desiertos labios de sus cuentos.

Quejas

¡Fuiste!
En aquel instante eterno,
nuestros ojos sorprendidos
tras aquel mutuo reencuentro...
Y tras el silencio,
quedó el eco, niebla diluida
en las gotas del recuerdo...
Y te fuiste sin palabras
hacia el vacío.
Vuelo de notas buscando
los ritmos de aquel hallazgo.
¡Ay! Amor
perdidizo en sus senderos.

Y fluyó la esperanza
en tus despertares enhebrados
en la luz marina
y en sus olas reposabas...

Mas surgió la pesadilla
y el océano se contrajo en lago
que abismaba lentamente
las luminosas
auroras de de tu infancia.

Contraste

Dijo un poeta:
No es el Amor quien muere:
Somos nosotros mismos.
Mas para otros:
No es el amor quien nace:
Somos flujos de su ausencia.

Vislumbre de aquel aroma
de nardo
sobre el cuerpo antes de la muerte.
Vislumbre de luz
al resurgir en su aurora
ya alma visible e intacta.

Nolli me tangere

Y tras el llanto
nos dejaste en paz...
Mi maestra me sugería:
en los caminos de la vida,
si los encuentras,
vívelos hasta lo más hondo
cual insinúa Machado en su poesía
y el Ulises de Kavafis...

... no tengas nunca prisa en tu viaje

Así realizaste tu viaje
dejando las huellas de tus pasos.
Y tu llanto ha trascendido la nostalgia.
Amor en la esperanza de tus recuerdos.

En el silencio te abismas
escuchando esa voz, musical,
que sin romperlo lo habita
revelando lo oculto,
concibiendo un despertar
latente y originario
del manantial de esa vida
visionando lo invisible
y lo visible sacraliza...
Notas pensantes de amor
en sus hallazgos sumidas...

Voces e imágenes

ADULTO? Mai, comme l´esistenza
che non matura —resta sempre acerba
di splendido giorno in splendido giorno—
io non posso che restare fedele
alla stupenda monotonía del mistero.

Nella notte una precoce pioggia profumma
le insomni felicità dell´esistenza.

Pier Paolo Passolini

Solo quisiera cantarte
y que se resquiebre la voz
antes prendida, que brota
por la sima de un deseo
y quebrose en mi garganta.

Todavía solo anhelo
que en el fondo de tu entraña
naden los peces azules
y en la luz de sus escamas
sientas la llama perdida
que nos hiere y nos separa
Fue en un tiempo luminosa
y ahora fluye apagada
en los rumores del llanto
susurrando su retorno
en la estrella que incoaba
aquellos primeros pasos
sin resbalar
sobre la hierba de escarcha.

Anoche el pueblo cantaba
y los balcones abría
y la luna reflejaba
los rostros de su sonrisa.

En el aire se hechizaban
sombras de luces heridas,
surgiendo de las ventanas
cual caracolas marinas.

Ayer noche, ellos cantaban
mientras el pueblo sufría
y en la ventanas sus voces
a la muerte herían de vida.

Ay! de los tristes destinos
de la mente enfebrecida:
si el dolor trueca en leyenda
y en fulgores las desdichas.

Pues si ellas fueran cantadas,
la música en sus nocturnos,
permutaría con sus trinos
el terror en esperanza.

La promesa de la Rosa
reflejada entre las aguas
y elevando en sus aromas
la agonía de un deseo,
y el amor en su plegaria.

Ruiseñores de la noche en España

Lo nevado
en la montaña
y en los senderos
la escarcha
deslizándose suave,
entrañándose
en las hierbas
y difundiendo entre las piedras
caracolas de sus aguas.

En la lejanía una fiesta
en las riberas del río
siluetas de danza y sombras
de elfos y néctar
sumidos en ese ensueño
de un júbilo enfebrecido
desde el lagar a las jarras
y hacia los vasos de vidrio...

Y una voz en lontananza,
sombreada entre quejos
de una guitarra:

Mas quisiera haber nacido
¡Amor!
Árbol perdido en el campo
¡Amor!
Y no haberte conocido
¡Amor!
Para hacerme sufrir tanto.

Tú no sabes lo que sabes,
tú no sabes lo que sé,
porque sabiendo no sabes,
lo que yo sé del querer.

Copla

Vela
vela la ola,
vela el velero
hendiendo sobre las aguas
huellas del mar
reflejado en azulejos.

En el humo de la infancia
la llama cela tus sueños,
meciéndolos en las aguas
y acariciando el silencio.

Vela
vela el amor soñado
ese azul de marinero
y hacia horizontes azules
vierte sus aguas de sueño.

Era un amor sin amores,
dorado en humaredas,
y la nave los velaba
en la espuma de sus velas.

Nanas de un llanto

Todo el poder de Hollywood no logró destruir
la inocencia interior que la habitaba.
María Zambrano

¡Fascinante!
Karen Blixen

Marilyn

Al atardecer, en el declinar de la luz
cuando vivía cerca de East River
e iba caminando a orillas del río,
no sé si ella iba o venía.
No había nadie en los edificios cercanos.
Paseaba detrás de un perrito
no sé si propio o ajeno.
Ausente, pero serena, absorta.
Chaquetón suelto, pantalón oscuro.
Miré su rostro no maquillado
semejaba de alabastro,
anacarado...
Ligereza en sus pasos.
Nos cruzamos y quede pensativa.
Al ver mi rostro, el portero me dijo sonriendo:
no cavile, no dude, *she is Marilyn.*
Adivinó mi sorpresa.
Le di las gracias.
Y seguí caminando lentamente, absorta,
queda... en un luminoso abandono.

Testimonio de Teresa Destua

De niña, saltarina de la comba
en los aires arrunzada
por esa infancia cantada
en flujos de cuna y nana.
De joven, trenza los aires
con un quiero y un no quiero
que semeja perfilarse
en perfume de azucenas
todas ellas cantarinas
de leyendas y proverbios
deslizándose en la historia
cual espejo de unos sueños,
fluyendo en los manantiales
de un agua desconocida
que se vierte en su mirada
consumando un juego de sonrisas
que borda sobre su almohada...

Hay un fuego que te anida
y se desprende en las llamas
vislumbrando esas imágenes
que nos dejaste enhebradas
en el tapiz que tus sueños
donde el arte entrañaba
tus vivencias y sentires
al integrar tu mirada
en el juego, en la danza,
en el aliento del místico
sumergidos en tu temple.
La magia de tu sonrisa
da cuerpo a las almas.
Testamento nunca escrito,
en el agua y en los aires
elevamos nuestra plegaria
hacia ese azul que ahora habitas.

Gracias, Concha

Tiene la mirada que sale de la noche-de esta
de la historia también una disponibilidad
pura y entera, pues que no hay en ella sombra
de avidez. No va de caza. No sufre el engaño
que procura el ansia de "captar".

M. Zambrano

Y ascendía desde el abismo
aquella voz quebrada,
heridas notas de un inacabado
suspiro, sombrío en su luz
rasgando tu negro ropaje,
brazos que trazan un requiebro:
dioses o destino...
          Y en tu garganta
se encendió una voz herida,
llama en el fuego que alumbra
en su noche los rostros del amor.
Llanto y súplica vertidas en canto,
rasgando aquellos albores
que desterraron a la luna
para sumirla en tu fulgor.
          Amor quebrado
en hallazgos y abandonos,
retazos de tiempo
disuelto en los nudos de lágrimas...
          Y un retenido grito
resonando en el universo,
humilde rapto
en que el Amor acoge
a sus escogidos,
los une, los desplaza, los aleja

y los disuelve en nostalgia y
esperanza eterna
de paraíso
inacabado en su presencia
e infierno en su ausencia.
                    Llamas etéreas
cual ecos musicales
perdidizos en su ritmo
y eternos en su canto.
Ciega, hallo la luz
visionaria de voz y de ternura
hacia los remotos tiempos
en que su abrazo
se enhebraba al azul inmenso,
eterna súplica
hacia aquellos vacíos de luz,
anunciando una aurora
y, hasta entonces, nunca habitados.

Édith Piaf

Ya eras antes del inicio,
mas preexistías ignorado
cual herido círculo
no acogías la línea curva
deshaciendo los signos.
Tu signo era la infancia,
infancia eterna, no rota
aunque tú lo ignorabas...
Caminabas danzando
acallando los rumores,
desvelando tu presencia.
Aquí
en el país del lago cerrado
no se escucha la queja
ni el llanto, ni la plegaria,
ya eras antes de ellos,
tus pasos herían los recodos
del silencio.
Mirada, solo mirada
para concebir las presencias.
Tú, ausencia de respuesta
callada ante la música de tu canto.
Canto a la vida
exclamo de aquel que cada mañana
trascendía los cristales ahumados
en lo incierto de tus miradas.
Siempre llegabas de un país lejano
que te desdeñó y otro que sueñas.
Juego, grácil juego
cuyas piezas se componían
y se quitaban cada amanecer.

Indolente,
ignorando los silbos de los tranvías,
los árboles mudos de ritmo
y los pasos acelerados hacia el trabajo,
te rendías al tiempo
sometiéndolo a tus caprichos
y ahogándolo
en los solitarios despertares
en las mesas de aquel Café
en el que componías palabras encantadas:
Serás eterno
entrañado en las llamas de una belleza
nunca encontrada.
Solo eso, esperanza imposible
mas nunca desprendida
habitando los vacíos del abismo
y escuchando su música olvidada.

Miras hacia el aire
elevando tu súplica...
Solícito
en tu suplicio
a la ofrenda
de amor entrecavado
y en el dolor sumergido.
Amor...
Rosa de sangre
encarnada en la espina.

Crucifixión
A Guido Reni

Constelación
anunciadora de la lluvia
y armonía en las gotas perdidas
hendidas en el asfalto.
Gris intenso,
sombra de negro
notas de ligera espuma
        en los pasos de los vigilantes.

Lágrimas de la tierra
visualizan las albas
del firmamento azul
tras la penumbra naranja
virando al verde.
Fulgor
y un sinuoso pasadizo
        hacia lo eterno.

Turbas nieblas,
resbalan las sombras,
estratos azules
sustentan los puentes.
Senderos remotos
hacia los adentros
de esa luz
        hilada en misterios...

Siempre murmura
una luz.
Toda una vida,
una luz, luz
        cuyos contornos difieren.

Ecos jamás ignorados.
Imaginados.
No revelados jamás.
Quizás heridos
        tras su fulgor.

Monet: Colores

Habitó la aurora en sus sueños,
naranja cual fruta corpórea.
Y el amanecer fue azul cristalino,
un azul único, irrepetible.
Acuoso en su espejeante fulgor
se disolvía en los ondulantes mares
desnaciendo en el blanco hervor de sus olas,
acariciando las arenas en acallados ritmos.
Sintió el bálsamo de la sal
y los alientos insinuantes de su aroma.
En la infancia de los cuerpos inquietos
disolvió el sabor de los naranjales en su piel.
Sorbió el tacto del azahar,
blanco, etéreo, deslizándose en sedas,
sombrillas y radiantes tejidos
sinuosos al son de la brisa añil,
insinuando las caricias del viento
alentando la quietud moviente
del vagar de las damas.
Reflejó la trama de las redes
entrelazadas en las manos del pueblo
en sus alentares marinos.
Recreó, con retazos de luz en sus variantes,
esos instantes eternos
en los que la contemplación
retorna a la mirada originaria.

Valencia y Sorolla

¿Fuiste historia?
Leyenda sí, o quizás mito
trascendiendo los dardos
que en tu cuerpo agonizaban.
Dardos de amor malherido
en inferidas heridas
por alfileres de ausencias.
Y en las aguas los reflejos
de centellas y azagayas
sugerían el retorno
de Cupido en tantas vidas,
o el dolor del olvidado
en los ojos que no miran
y de aquellos condenados
a quienes el amor fustiga
y el de aquellos perseguidos
por recuerdos que no olvidan.
La belleza se esconde
a los astros que cegaron
las miradas que contemplan
el silencio de los hados
mientras se disuelven en aire
o en insectos desairados
que sorben con lenta bilis
el temblor apasionado
de los siervos del Amor...

San Sebastián 2020
Para Rosario

Todo era eco de violencia,
quebrada en los diseños
que la solicitaban como amante.

Silencio en los oscuros cauces.
Silencio, acallando por el terror
la silenciosa vía de la palabra.

Silencio en los deseos
tras las arboledas.

Mutismo.
Rojo mutismo.

Silencio
del grito encadenado.

En la oscuridad
nadie ve a nadie.
Todo es visto
por la negra noche.

Sólo la noche te contempla
te acoge
o te delata...

Noche trágica.

Aquellos otros

Escarcha sedienta trunca sus auroras
en agua encharcada, cercada en sus bornes,
sondeos de grito en sordos rumores
repican los tonos de los mil azores
y vedas de caza de adquirir un nombre.
De las mil palabras que ondean deformes
y enturbian los cantos con silbos de muerte
y en falsos colores
al hombre enmascaran con gris uniforme.

Tornó lo aherrojado y preguntar no quiero
si el negro fantasma retorna a sus fueros
pero en mi garganta sólo siento el hielo
del niño aterido y helado en el fuego...
¿Y estos son los mismos?
¿Y lo mismo de aquello
que a un país marcaron sellando con hierro?
El hablar que habla de libre y despierto
soñar musitaba, y ahora desierto
ve la imagen fría, ausente de gesto.
Y sólo el suspiro, gemido y encierro
nos muestran la senda en cerrados linderos
de unos y de otros en triste concierto,
de estos y de esos en triste contienda,
del ayer pasado y su retorno incierto:
Silencio y terror; terror y silencio.

"Retournant": voces negras

Hay suspiros y temblores
en la historia
que se esconden en quejidos
de luna y ausencia
grabando los latidos musicales
de una pérdida
la de un pueblo habitando los conjuntos
que de oriente a occidente
se fundía en plegaria y vida
vertiendo su otredad, hoy en sombras,
que fue luz y floresta,
encantos y encaje y surtidores
espejos en el agua y en la piedra.

Y su eco voló hacia los montes
y en pequeñas mansiones
y empinadas cuestas
se albergan esos mudos quejidos
tan solo escuchados por el pueblo
y los poetas...
El fuego que asoló la lucha ardiente
de un pueblo desterrado,
grababa en su lidia por sus tierras.
Hoy es blanco, luto de luz,
resurgiendo en los huecos
que ahora habitan
los buscadores de callada música,
palabras perdidas y una llama
que alumbre el recuerdo de una ofrenda.

Ecos en la Alpujarra

Jazz, Blues... ritmos andalusíes,
palabras quebradas por sonidos
precursores del habla,
tempos unitivos antes
de la dispersión
misterios de amor disueltos
por el duelo de una pérdida
y la nostalgia de una lejanía
o de la maga esperanza
en la quiebra de unos sonidos
que hallen esos arcanos
y sagrados ritmos, rememorados
en los ecos llameantes de un gemido coral.

Música callada

La realidad es que el tenis, además de un deporte,
es también un arte y como toda forma de arte exige
un cierto talento particular.

Giorgio Basani

Vuelo
de un suspiro escondido.
Vuelo
de una nube de escarcha.
Vuelo
y unos pasos ligeros
ecos sin palabra...
En el aire, siluetas trazadas
desiertan las redes
esbozando una danza
de delfines azules,
saltando los blancos
horizontes del límite,
van creando senderos
para hallar su silencio
y, vertiéndolo en copos,
encarnar su palabra.

Para ellos
en el musical atardecer de una caja mágica

El aire perdió los vuelos
de los espejos trenzados
que lanzaban congeladas
esferillas nebulosas
y la danza de los dioses
y el juego de sus miradas
entonaban las canciones
y los pasos de sus danzas
se fundía en coral himno
que al universo abrazaba
en ritmos, pausas, saltos...
Hermes renace en vosotros
en avivada armonía
de Dyionisos frente Apolo,
en la arena, piedra y llanto,
y en la hierba amarillenta,
por el ritmo de los pasos,
gravita vuestra plegaria
cual el reinicio de un canto
visualizado en perfiles
esculpidos y trenzados
en retazos que semejan
un arco iris restaurado.

Juego

Un aire cálido enciende
una llama que irá flotando
sobre una red que perenne
busca el fuego y apagarlo
para que la luz se ciegue
y en el mar verde azulado
ofusque a los marineros...
Mas los remeros del barco
en continuo movimiento
la nave van sorteando
y oleajes de murmullos
de plegarias y de cantos
sostiene a los marineros
más allá de su canto.
Los une y los desplaza
cual el delfín en sus saltos
hacia el sudor del destino
y la emoción de su llanto.

En el etéreo vacío,
tu sonrisa.
Y en el ardiente abismo,
su sonrisa.
Y en el abierto mar,
la sonrisa.
Nota musical
disuelta
en la triste sinfonía:

Vagando se va sintiendo
que tu barca ya no es mía
y que perdidos en sombras
los amores se marchitan.

Vagando se va sintiendo
que las rosas se han herido
y deshojadas en llanto
siguen buscando sonrisas...

Sonrisas.

Escribías esta coplillas
mientras escuchabas las hojas muertas,
ateridas como pedazos de tiempo
violentamente arrancadas,
amarillentas, que anhelan el sabor verde
adherido al árbol
del que fueron desgarradas
en oleajes de viento.

Los dedos sobre las cuerdas de la guitarra
sangran al acariciar sus notas.

¡Ay! amor que soñaste y te fuiste...

Índice

Hacia los orígenes

El fulgor de los instantes

HUELLAS DEL AMOR

Voces e imágenes

© de los textos, Joaquín Verdú de Gregorio
© de las ilustraciones, Rosa Mascarell Dauder
© de la edición, EOLAS EDICIONES

Diagramación y diseño de portada: Mikel Mandon / contactovisual.es
Ilustración de portada: Trama, 2024
Ilustraciones interiores:
Tinta sobre papel Xuan, exclusivas para esta edición.
Rosa Mascarell Dauder, 2024

ISBN: 978-84-10057-44-9
Depósito legal: LE 198-2024
Impreso en España - Printed in Spain